AF189288

Impressum
Verlag: BABADADA GmbH, Nedderfeld 112 , 22529 Hamburg
Geschäftsführer / Verlagsleitung: Harald Hof
Druck: Books on Demand GmbH, In de Tarpen 42, 22848 Norderstedt

Imprint
Publisher: BABADADA GmbH, Nedderfeld 112 , 22529 Hamburg, Germany
Managing Director / Publishing direction: Harald Hof
Print: Books on Demand GmbH, In de Tarpen 42, 22848 Norderstedt, Germany

مدرسه
школа

کلاس درس
учиона
تقسیم کردن
делити
186/2
تخته
плоча
школско двориште
معلم
наставник
کاغذ
папир
نوشتن
писати
خودکار
хемијска оловка
میز تحریر
писаћи сто
خط کش
лењир
کتاب
књига
دانش آموز
ученик

کیف مدرسه
....
торба

جامدادی
....
перница

مداد
....
графитна оловка

تراش
....
шиљило за оловке

پاک کن
....
гумица за брисање

دفتر رسم
....
блок за цртање

طراحی

цртеж

قلم مو

кист

جعبه ی آبرنگ

кутија са бојама

قیچی

маказе

چسب

лепило

کتاب تمرین

бележница

تکلیف خانه

домаћи задатак

12

رقم

број

2+2

جمع کردن

сабирати

5-2

تفریق کردن

одузимати

2×2

ضرب کردن

множити

محاسبه کردن

рачунати

A

حرف الفبا

слово

ABCDEFG HIJKLMN OPQRSTU VWXYZ

الفبا

абецеда

کلمه

реч

متن

текст

خواندن

читати

گچ

креда

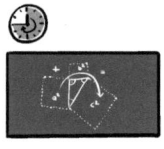

درس

час

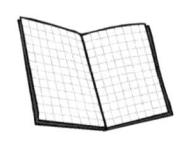

ثبت نام

дневник

امتحان

испит

مدرک رسمی

сведочанство

لباس مدرسه

школска униформа

تحصیلات

образовање

دانشنامه

лексикон

دانشگاه

универзитет

میکروسکوپ

микроскоп

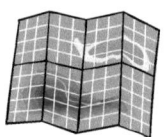

نقشه

карта

سبد کاغذ باطله

кошара за папир

سفر

путовање

هتل
хотел
مسافرخانه
преноћиште
صرافی
мењачница
چمدان
кофер
اتومبیل
ауто

زبان

језик

بله / خیر

да / не

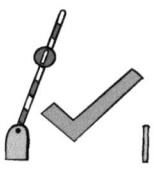

اُکی

океј

سلام

здраво

مترجم

преводилац

ممنون

хвала

قیمت ... چه قدر است؟

Колико кошта...?

من متوجه نمی شوم

не разумем

مشکل

проблем

عصر بخیر! / شب بخیر!

добро вече!

صبح بخیر!

Добро јутро!

شب بخیر!

Лаку ноћ!

خدانگهدار

довиђења

جهت

смер

بار سفر

пртљага

کیف

торба

کوله پشتی

руксак

مهمان

гост

اتاق

соба

کیسه خواب

врећа за спавање

خیمه

шатор

مرکز راهنمای گردشگران

туристичке информације

ساحل

плажа

کارت اعتباری

кредитна картица

صبحانه

доручак

نهار

ручак

شام

вечера

بلیط

карта за вожњу

آسانسور

лифт

مهر

поштанска маркица

مرز

граница

گمرک

царина

سفارتخانه

амбасада

ویزا

виза

گذرنامه

пасош

حمل و نقل

транспорт

هواپیما
авион
کشتی
брод
ماشین آتش نشانی
ватрогасно возило
اتوبوس
аутобус
کامیون
теретно возило
قایق موتوری
моторни чамац
دوچرخه
бицикл
اتومبیل
ауто

کشتی مسافربری

трајект

قایق

чамац

موتورسیکلت

мотоцикл

ماشین پلیس

полицијски ауто

ماشین مسابقه

тркаћи ауто

ماشین کرایه ای

изнајмљено ауто

به اشتراک گذاری اتوموبیل

делење аутомобила

جرثقیل

вучно возило

ماشین حمل زباله

возило за одвоз смећа

موتور

мотор

بنزین

бензин

پمپ بنزین

бензинска станица

تابلو راهنمایی و رانندگی

саобраћајни знак

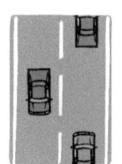

عبور و مرور

саобраћај

ترافیک

застој

پارکینگ

паркиралиште

ایستگاه قطار

железничка станица

ریل راه آهن

шине

قطار

воз

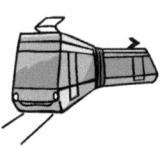

قطار برقی

трамвај

واگن

вагон

هلیکوپتر

хеликоптер

فرودگاه

аеродром

برج

кула

مسافر

путник

کانتینر

контејнер

کارتن

картон

گاری

колица

سبد

корпа

به پرواز درآمدن / فرود آمدن

узлетети / слетети

شهر

град

دهکده

село

مرکز شهر

центар града

خانه

кућа

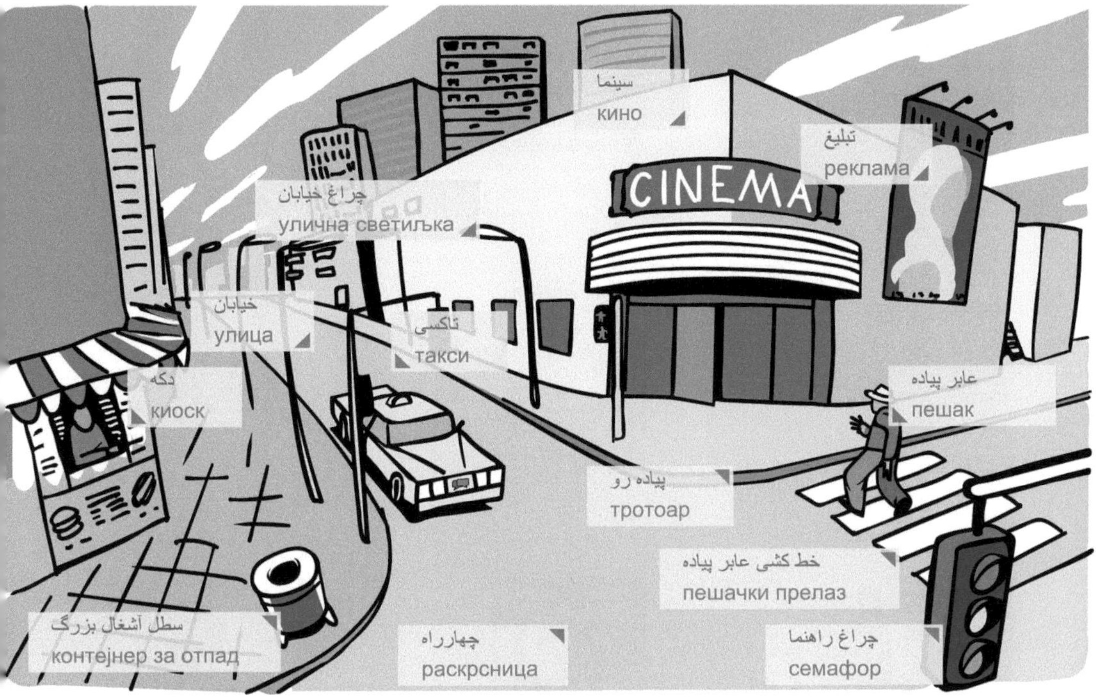
CINEMA
سینما
кино
تبلیغ
реклама
چراغ خیابان
улична светиљка
خیابان
улица
تاکسی
такси
دکه
киоск
عابر پیاده
пешак
پیاده رو
тротоар
خط کشی عابر پیاده
пешачки прелаз
سطل آشغال بزرگ
контејнер за отпад
چهارراه
раскрсница
چراغ راهنما
семафор

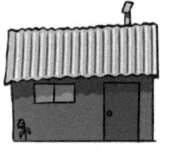

کلبه

колиба

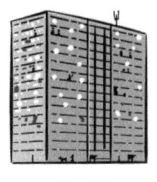

آپارتمان

стан

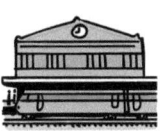

ایستگاه قطار

железничка станица

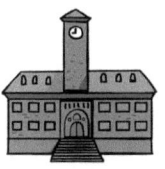

ساختمان شهرداری

већница

MUSEUM

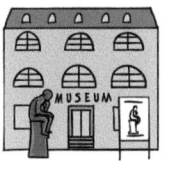

موزه

музеј

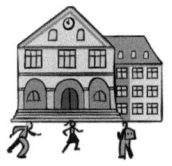

مدرسه

школа

دانشگاه

универзитет

بانک

банка

بیمارستان

болница

هتل

хотел

داروخانه

апотека

اداره

канцеларија

کتابفروشی

књижара

مغازه

продавница

گل فروشی

цвећара

سوپرمارکت

супермаркет

بازار

трг

فروشگاه بزرگ

робна кућа

ماهی فروش

рибарница

مرکز خرید

трговачки центар

بندر

лука

پارک

парк

نیمکت

клупа

پل

мост

پله

степенице

مترو

подземна железница

تونل

тунел

ایستگاه اتوبوس

аутобуска станица

میخانه

бар

رستوران

ресторан

صندوق پست

поштанско сандуче

تابلوی خیابان

улични знак

دستگاه پارکومتر

паркирни аутомат

باغ وحش

зоолошки врт

استخر شنای عمومی

базен

مسجد

џамија

مزرعه

сеоско газдинство

آلودگی محیط زیست

загађење околине

قبرستان

гробље

کلیسا

црква

زمین بازی

игралиште

معبد

храм

چشم انداز

пејсаж

برگ
лист
تابلوی راهنمای مسیر
путоказ
راه
пут
چمنزار
ливада
سنگ
камен
راه نورد
шетач
درخت
дрво
رودخانه
река
چمن
трава
گل
цвет

دره

долина

تپه

планина

دریاچه

језеро

جنگل

шума

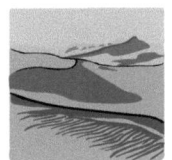

بیابان

пустиња

کوه آتشفشان

вулкан

قلعه

дворац

رنگین کمان

дуга

قارچ

гљива

درخت نخل

палма

پشه

москито

مگس

мува

مورچه

мрав

زنبور

пчела

عنکبوت

паук

سوسک

буба

قورباغه

жаба

سنجاب

веверица

جوجه تیغی

јеж

خرگوش صحرایی

зец

جغد

сова

پرنده

птица

قو

лабуд

گراز

дивља свиња

گوزن نر

јелен

گوزن شمالی

лос

سد آب

насип

توربین بادی

ветрењача

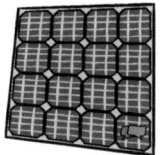

صفحه ی خورشیدی

соларна плоча

آب و هوا

клима

رستوران

ресторан

конобар
منوی غذا
јеловник
صندلی
столица
سوپ
супа
پیتزا
пица
سرویس کارد و قاشق و چنگال
прибор за јело
رومیزی
столњак

پیش‌غذا

предјело

غذای اصلی

главно јело

دسر

десерт

نوشیدنی ها

напитци

غذا

јело

بطری

флаша

فست فود

брза храна

اغذیه خیابانی

имбис храна

قوری

чајник

قندان

доза за шећер

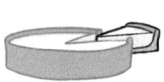

پُرس غذا

порција

دستگاه اسپرسو

апарат за еспресо

صندلی پایه بلند غذاخوری بچه

висока столица

صورتحساب

рачун

سینی

послужавник

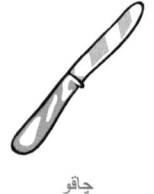

چاقو

нож

چنگال

виљушка

قاشق

кашика

قاشق چایخوری

чајна кашика

دستمال سفره

салвета

لیوان

чаша

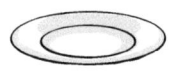

بشقاب

тањир

بشقاب سوپخوری

тањир за супу

نعلبکی

тањирић

سس

сос

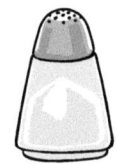

نمکدان

сољенка

فلفل ساب

млин за бибер

سرکه

сирће

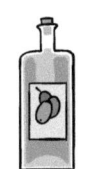

روغن خوراکی

уље

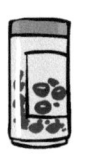

ادویه جات

зачини

سس کچاپ

кечап

سس خردل

сенф

سس مایونز

мајонеза

سوپرمارکت

супермаркет

پیشنهاد ویژه
понуда
FOR
مشتری
купац
لبنیات
млечни производи
میوه جات
воће
چرخ دستی خرید
колица за куповину

قصابی

месница

نانوایی

пекара

وزن کردن

вагати

سبزیجات

поврће

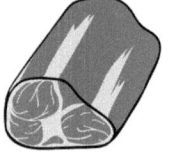

گوشت

месо

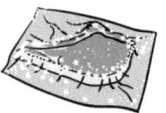

غذای منجمد

смрзнута храна

مخلوطی از انواع کالباس یا پنیر که ورقه ای بریده شده باشند

нарезак

غذای کنسروی

конзерве

پودر لباسشویی

средство за прање

شیرینی جات

слаткиши

لوازم خانگی

артикли за домаћинство

ماده شوینده و پاک کننده

средства за чишћење

فروشنده

продавачица

صندوق پرداخت

благајна

صندوقدار

благајник

لیست خرید

листа за куповину

ساعات کار

време рада

کیف پول

новчаник

کارت اعتباری

кредитна картица

کیف

торба

کیسه ی پلاستیکی

пластична кеса

نوشیدنی ها
напитци

آب

вода

آبمیوه

сок

شیر

млеко

نوشابه کوکاکولا

кола

شراب

вино

آبجو

пиво

الکل

алкохол

کاکائو

какао

چای

чај

قهوه

кава

قهوه اسپرسو

еспресо

کاپوچینو

капућино

موز

банана

سیب

јабука

پرتقال

наранџа

انواع هندوانه و خربزه

лубеница

لیمو

лимун

هویج

шаргарепа

سیر

бели лук

نی بامبو

бамбус

پیاز

лук

قارچ

гљива

آجیل

орашасти плодови

ماکارونی

резанци

اسپاگتی
....
шпагете

برنج
....
рижа

سالاد
....
салата

سیب زمینی سرخ کرده
....
помфрит

سیب زمینی سرخ شده
....
печени крумпир

پیتزا
....
пица

همبرگر
....
хамбургер

ساندویچ
....
сендвич

شنیتسل
....
шницла

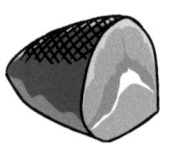

ژامبون خوک
....
шунка

سالامی
....
салама

سوسیس
....
кобасица

مرغ
....
кокош

نوعی گوشت سرخ شده
....
печење

ماهی
....
риба

جوی پرک شده

зобене пахуљице

نوعی صبحانه مخلوطی از برگه ذرت و
میوه های خشک شده و خشکبار که
معمولا با شیر خورده می شود

мусли

کورن‌فلکس

кукурузне пахуљице

آرد

брашно

کرواسان

кроасан

نان بروتشن

пециво

نان

хлеб

نان تست

тоаст

بیسکویت

кекси

کره

маслац

کشک

свежи сир

کیک

колач

تخم مرغ

jaje

تخم مرغ نیمرو

jaje на око

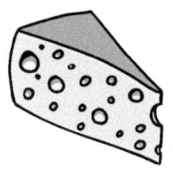

پنیر

сир

بستنی

сладолед

شکر

шећер

عسل

мед

مربا

мармелада

کرم شکلاتی بادامی

нугат крема

ادویه کاری

кари

مزرعه

сеоско газдинство

خانه ی مزرعه داران
сеоска кућа
бале сена
انبار غله
амбар
مزرعه
поље
اسب
коњ
ماشین یدک کش
приколица
تراکتور
трактор
کره اسب
ждребе
خر
магарац
گوسفند
овца
بره
лане

بز

коза

گاو ماده

крава

گوساله

теле

خوک

свиња

بچه خوک

прасе

گاو نر

бик

غاز
....
гуска

اردک
....
патка

جوجه
....
пилићи

مرغ
....
кокош

خروس
....
петао

موش صحرایی
....
пацов

گربه
....
мачка

موش
....
миш

گاو نر اخته
....
вол

سگ
....
пас

لانه ی سگ
....
кућица за пса

شلنگ باغبانی
....
вртно црево

آبپاش
....
канта за поливање

داس دسته بلند
....
коса

گاوآهن
....
плуг

داس

срп

کج بیل

мотика

چنگک باغبانی

виљушка за ђубриво

تبر

секира

فرقون

тачке

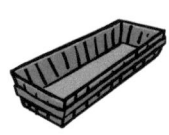

آبشخور

корито

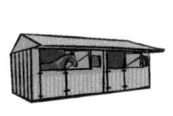

بطری نگهداری شیر

посуда за млеко

کیسه

врећа

حصار

ограда

اصطبل

штала

گلخانه

стакленик

خاک

земља

بذر

семе

کود

ђубриво

ماشین کمباین

комбајн

برداشت کردن محصول

жети

محصول

жетва

تمیس

јамс зачин

گندم

пшеница

سویا

соја

سیب زمینی

крумпир

ذرت

кукуруз

کلزا

уљана репица

درخت میوه

воћка

گیاه مانیوک

гомољ маниоке

غلات

житарице

خانه

кућа

دودکش
پشت بام
ناودان
پنجره
прозор
گاراژ
гаража
زنگ در
звоно
در
врата
سطل آشغال
корпа за отпад
صندوق مراسلات
поштанско сандуче
باغ
врт

اتاق نشیمن

дневна соба

حمام

купаоница

آشپزخانه

кухиња

اتاق خواب

спаваћа соба

اتاق بچه

дечија соба

ناهارخوری

трпезарија

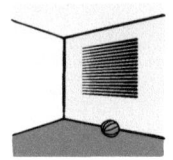

كف زمين

под

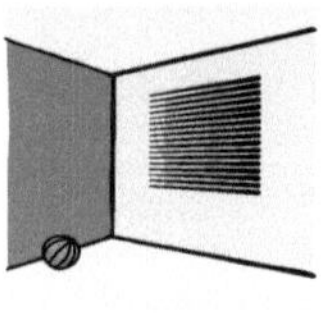

ديوار

зид

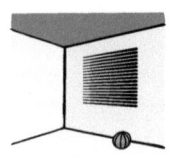

سقف

строп

زيرزمين

подрум

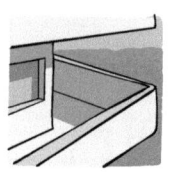

سونا

сауна

بالكن

балкон

تراس

тераса

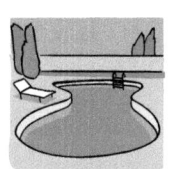

استخر

базен

ماشين چمنزنى

косилица за траву

ملافه

постељина за кревет

روتختى

дека за кревет

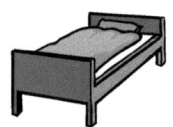

تخت خواب

кревет

جارو

метла

سطل

канта

سويچ يا كليد

прекидач

اتاق نشیمن

дневна соба

کاغذ دیواری
тапета
عکس
слика
لامپ
светиљка
قفسه
регал
کابینت
ормар
تلویزیون
телевизија
شومینه
камин
گل
цвет
کوسن
јастук
کاناپه
кауч
گلدان
ваза
کنترل تلویزیون و ویدئو و غیره
даљински управљач

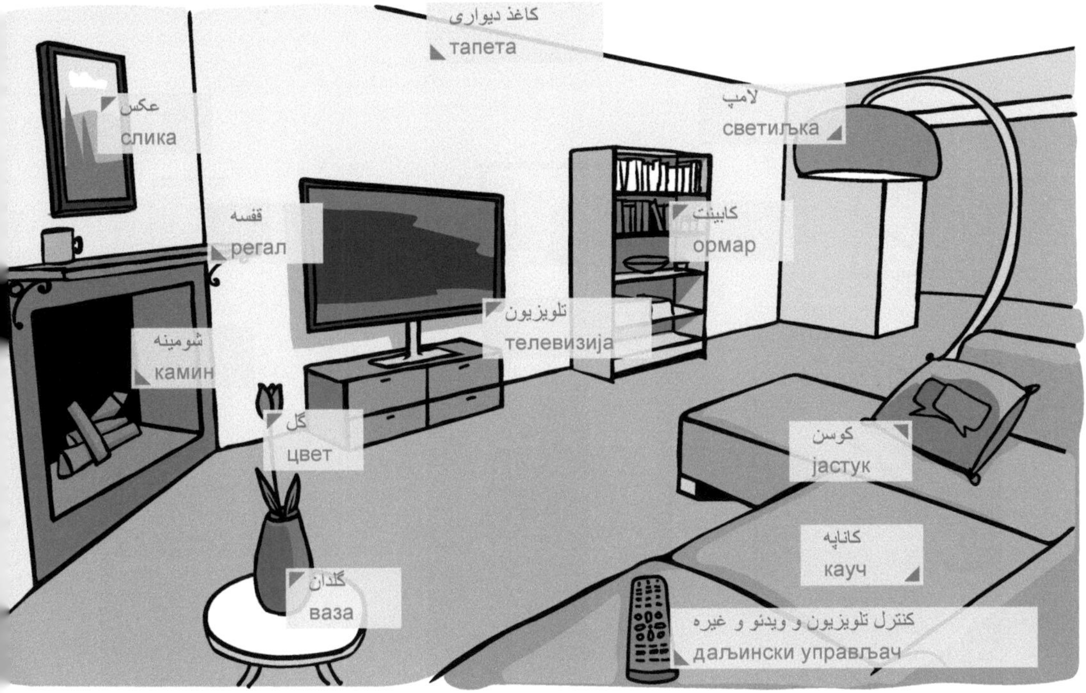

فرش

тепих

پرده

завеса

میز

сто

صندلی

столица

صندلی گهواره ایی

столица за њихање

صندلی راحتی

фотеља

كتاب

књига

لحاف

дека

دكوراسيون

декорација

هيزم

дрво за огрев

فيلم

филм

دستگاه ضبط صوت

хи-фи уређај

كليد

кључ

روزنامه

новине

تابلو نقاشی

слика на платну

پوستر

постер

راديو

радио

دفترچه يادداشت

блок за писање

جاروبرقی

усисивач

كاكتوس

кактус

شمع

свећа

آشپزخانه
кухиња

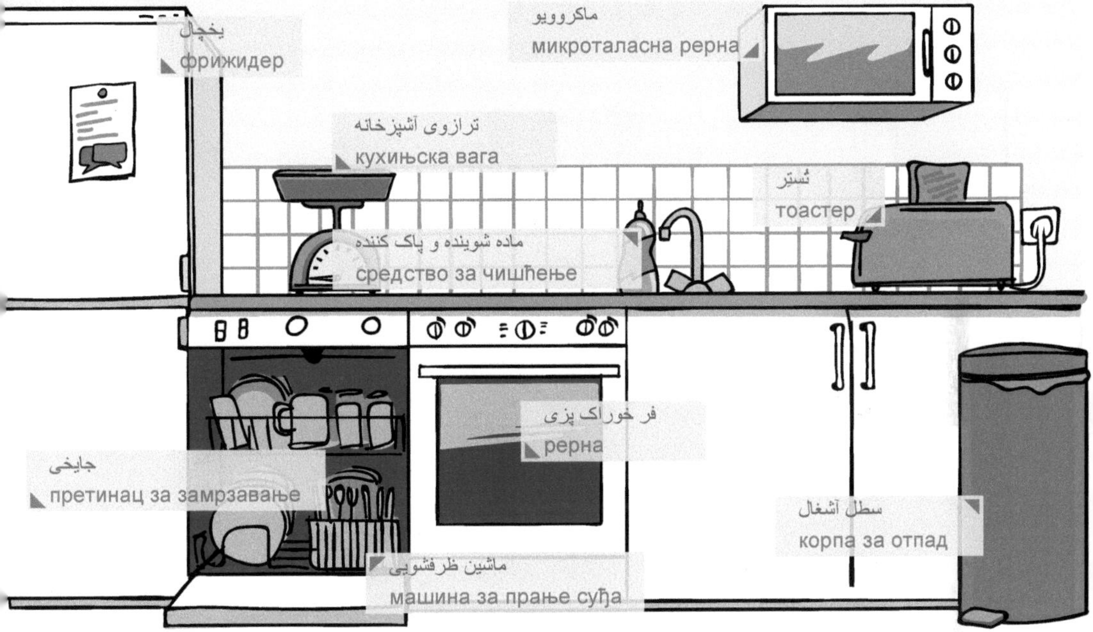

یخچال
фрижидер
ماکروویو
микроталасна рерна
ترازوی آشپزخانه
кухињска вага
تُستر
тоастер
ماده شوینده و پاک کننده
средство за чишћење
فر خوراک پزی
рерна
جایخی
претинац за замрзавање
سطل آشغال
корпа за отпад
ماشین ظرفشویی
машина за прање суђа

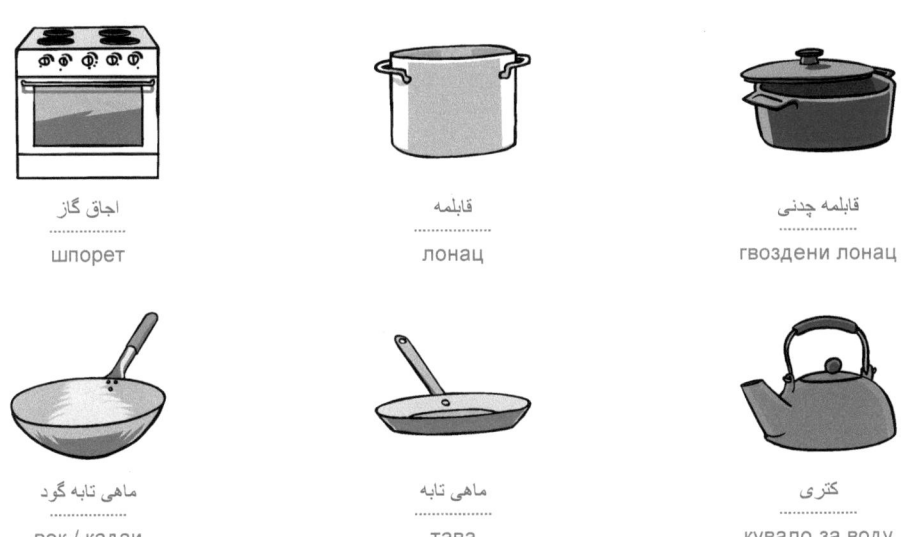

اجاق گاز

шпорет

قابلمه

лонац

قابلمه چدنی

гвоздени лонац

ماهی تابه گود

вок / кадаи

ماهی تابه

тава

کتری

кувало за воду

بخارپز

кувало на пару

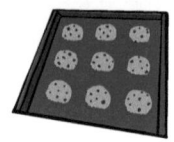

سینی فر

лим за печење

ظرف چینی آشپزخانه

посуђе

لیوان

чаша

کاسه

посуда

چاپستیک

штапићи за јело

ملاقه

кутлача

کفگیر

лопатица

همزن

пењача

آبکش

сито за кување

آبکش

сито

رنده

рибеж

هاون

мужар

باربیکیو

роштиљ

محل مخصوص افروختن آتش

огњиште

تخته گوشت و سبزی
....
даска

وردنه
....
оклагија

در بطری بازکن
....
вадичеп

قوطی
....
конзерва

در قوطی بازکن
....
отварач конзерви

دستگیره پارچه ای
....
крпа за лонац

سینک ظرفشویی
....
судопер

برس گردگیری
....
четка

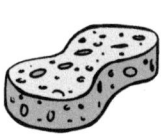

اسفنج
....
сунђер

مخلوط کن
....
миксер

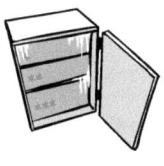

فریزر
....
замрзивач

شیشه شیر بچه
....
флашица за бебе

شیر آب
....
славина за воду

حمام

купаоница

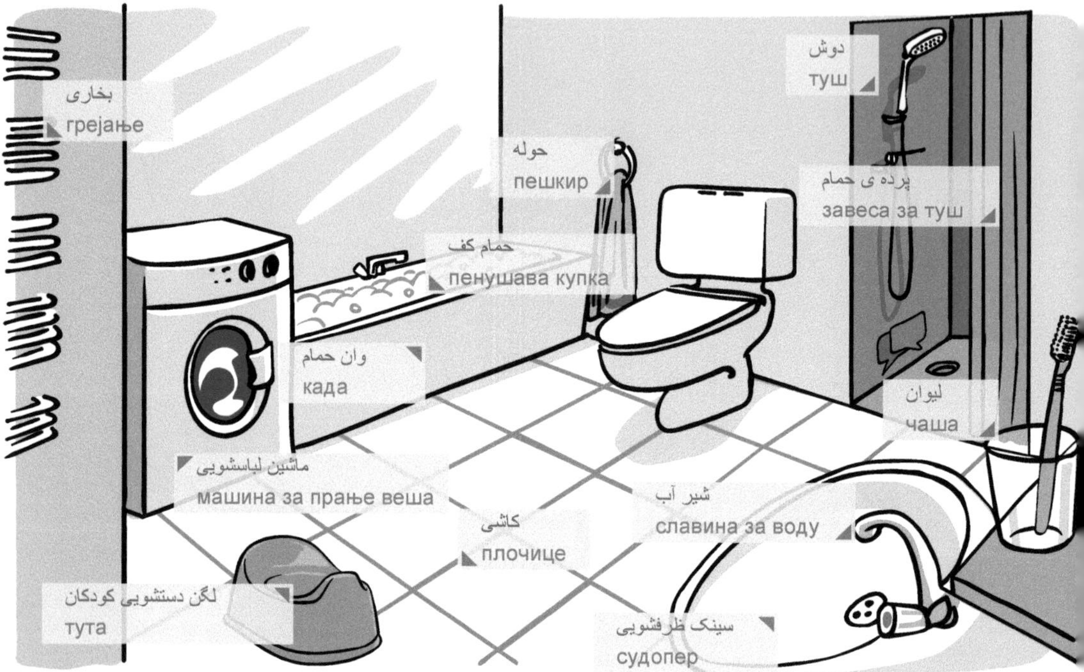

بخاری
грејање
حوله
пешкир
دوش
туш
پرده ی حمام
завеса за туш
حمام کف
пенушава купка
وان حمام
када
ماشین لباسشویی
машина за прање веша
لیوان
чаша
شیر آب
славина за воду
کاشی
плочице
لگن دستشویی کودکان
тута
سینک ظرفشویی
судопер

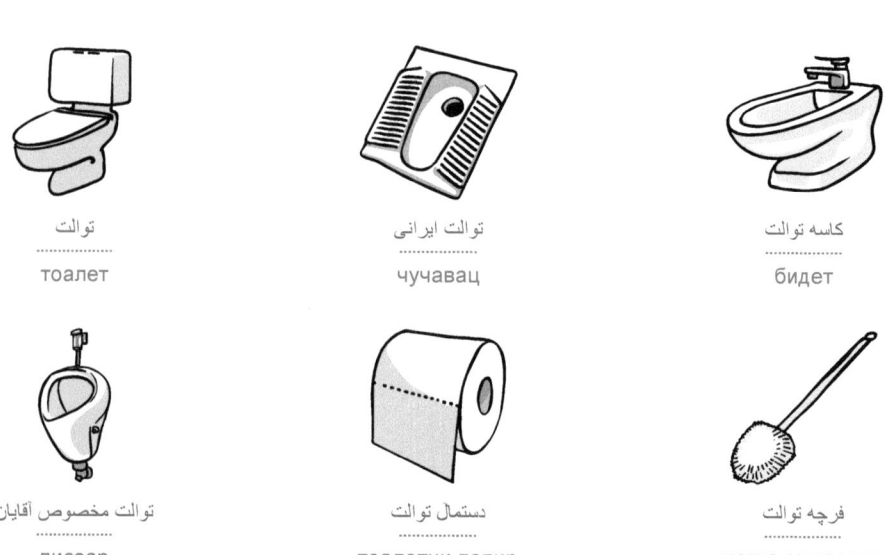

توالت

топлет

توالت ایرانی

чучавац

کاسه توالت

бидет

توالت مخصوص آقایان

писоар

دستمال توالت

тоалетни папир

فرچه توالت

четка за тоалет

مسواک

четкица за зубе

خمیردندان

паста за зубе

نخ دندان

конац за зубе

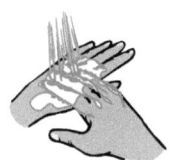

شستن

прати

دوش آب تلفنی

туш ручица

شلنگ توالت

туш за прање интимних делова

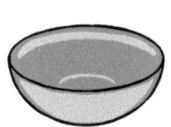

لگن روشویی

лавор

برس شست و شوی پشت

четка за прање леђа

صابون

сапун

شامپو بدن

гел за туширање

شامپو

шампон

لیف حمام

крпа за прање

راه آب

одвод

کرم

крема

اسپری دئودورانت

дезодоранс

آیینه

....

огледало

آیینه ی کوچک دستی

....

козметичко огледало

تیغ ریش تراشی

....

бријач

کف ریش‌تراشی

....

пена за бријање

آفترشیو

....

лосион за после бријања

شانه ی سر

....

чешаљ

برس

....

четка

سشوار

....

фен за косу

اسپری مو

....

спреј за косу

آرایش

....

шминка

رژلب

....

руж за усне

لاک ناخن

....

лак за нокте

پنبه

....

вата

قیچی ناخن

....

маказе за нокте

عطر

....

парфем

کیف لوازم آرایشی و بهداشتی

козметичка торбица

چهارپایه

столица

ترازو

вага

حوله ی پالتویی

огртач

دستکش ظرفشویی

рукавице за чишћење

تامپون

тампон

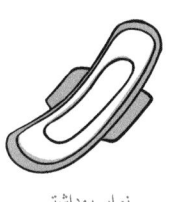

نوار بهداشتی

уложак

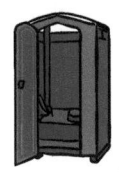

توالت سیار

хемијски тоалет

اتاق بچه

дечија соба

ساعت زنگدار
будилник
نوعی عروسک نرم به شکل حیوانات
плишана играчка
ماشین اسباب بازی
ауто играчка
جغجغه
звечка
خانه ی عروسکی
кућица за лутке
کادو
поклон

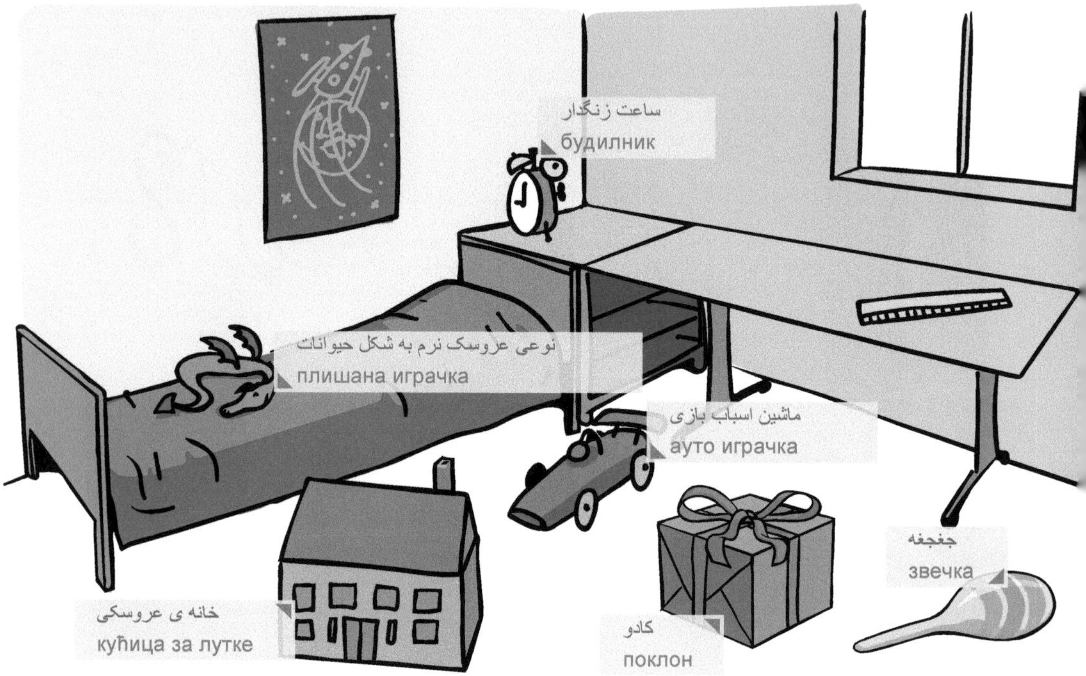

بادکنک

балон

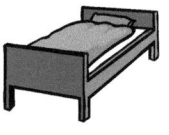

تخت خواب

кревет

کالسکه بچه

дјечија колица

بازی ورق

игра са картама

پازل

слагалица

داستان مصور

стрип

اسباب بازی لگو

лего коцкице

خانه سازی

коцкице за слагање

عروسک شخصیت های فیلم و کارتون

акциони јунак

لباس نوزاد

бенкица за бебе

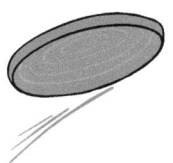

فریزبی

фризби

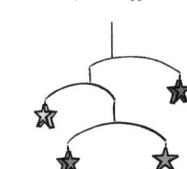

نوعی اسباب بازی که روی تخت نوزاد یا کودک نصب می شود

висеће играчке

بازی روی صفحه

друштвене игре

تاس

коцка

قطار اسباب بازی

минијатурна жељезница

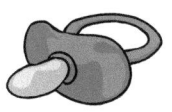

پستانک

дуда

مهمانی

забава

کتاب مصور

сликовница

توپ

лопта

عروسک

лутка

بازی کردن

играти

جعبه شنی مخصوص بازی کودکان

пешчаник

تاب

љуљачка

اسباب بازی

играчка

کنسول بازی های کامپیوتری

конзола за игре

سه چرخه

трицикл

خرس عروسکی

теди

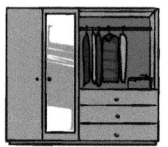

کمد لباس

ормар

لباس

одећа

جوراب

кратке чарапе

جوراب زنانه ساق بلند

чарапе

جوراب شلواری

хулахопке

شال
шал

چتر
кишобран

تی شرت
мајица

کمربند
каиш

پوتین
чизме

دمپایی
папуче

کفش ورزشی کتانی
патике

صندل
....
сандале

کفش
....
ципеле

چکمه پلاستیکی
....
гумене чизме

شرت
....
гаћице

سوتین
....
грудњак

جلیقه
....
поткошуља

بادی

боди

شلوار

панталоне

جین

фармерке

دامن

сукња

بلوز

блуза

پیراهن

кошуља

پولیور

џемпер

سویی شرت

џемпер с капуљачом

نوعی کت

сако

ژاکت

јакна

کت بلند

мантил

بارانی

кабаница

لباس نمایش

костим

لباس

хаљина

لباس عروس

венчаница

کت و شلوار

одело

لباس خواب زنانه

спаваћица

پیژامه

пиџама

ساری

сари

روسری

марама за главу

عمامه

турбан

برقع

бурка

قبا

кафтан

عبا

абаја

لباس شنا

купаћи костим

شرت شنا

купаће гаћице

شلوارک

кратке панталоне

لباس ورزشی

одећа за тренинг

پیشبند

кецеља

دستکش

рукавице

دکمه

дугме

عینک

наочаре

دستبند

наруквица

گردنبند

огрлица

انگشتر

прстен

گوشواره

наушница

کلاه لبه دار

капа

چوب لباسی

вешалица

کلاه

шешир

کراوات

кравата

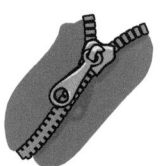

زیپ

патент затварач

کلاه ایمنی

кацига

بند شلوار

нараменице

لباس مدرسه

школска униформа

لباس فرم

униформа

پیش بند بچه

подбрадак

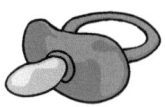

پستانک

дуда

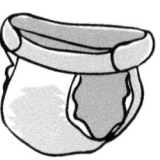

پوشک بچه

пелена

اداره

канцеларија

سرور
сервер
کمد نگهداری پرونده
ормар за списе
چاپگر
штампач
کاغذ
папир
مانیتور
монитор
ماوس
миш
میز تحریر
писаћи стол
زونکن
мапа
صفحه کلید
тастатура
سبد کاغذ باطله
кошара за папир
کامپیوتر
компјутер
صندلی
столица

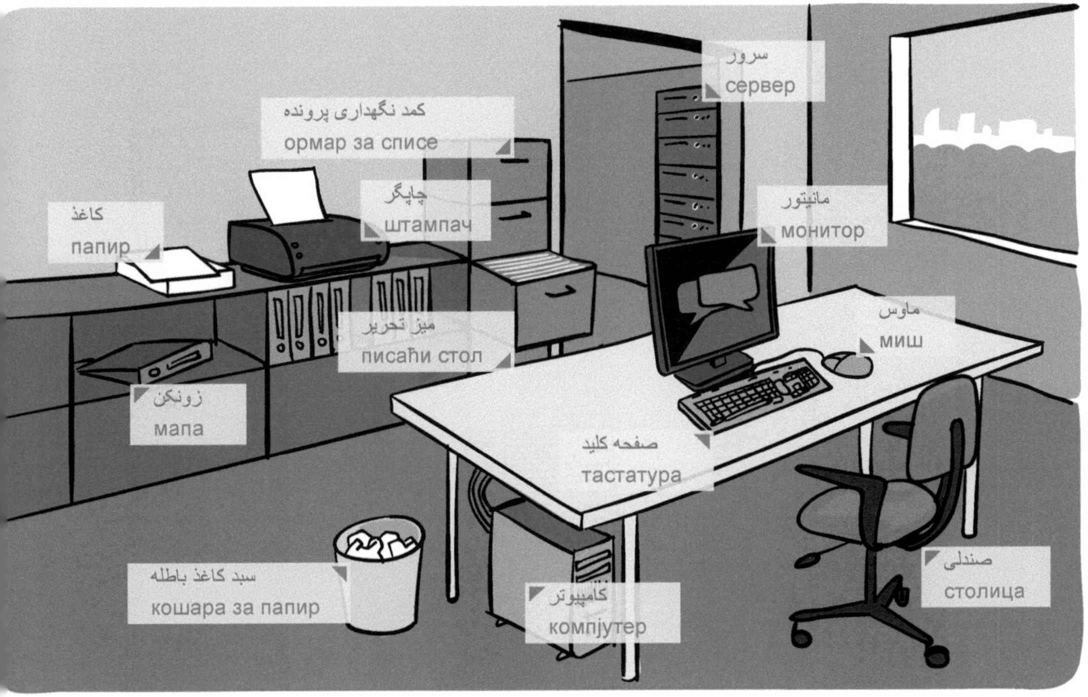

لیوان قهوه

шалица за каву

ماشین حساب

калкулатор

اینترنت

интернет

لپ تاپ

лаптоп

نامه

писмо

پیغام

порука

تلفن همراه

мобилни телефон

شبکه ی ارتباطی

мрежа

دستگاه فتوکپی

уређај за копирање

نرم افزار

софтвер

تلفن

телефон

پریز

утичница

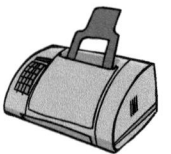

دستگاه فاکس

факс

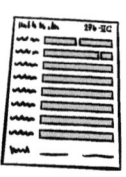

فرم

формулар

مدرک

документ

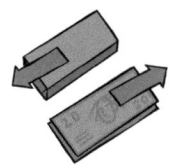

خریدن

куповати

پرداخت کردن

платити

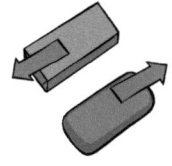

تجارت کردن

трговати

پول

новац

دلار

долар

یورو

евро

ین

јен

روبل

рубља

فرانک سوئیس

швајцарски франак

یوان رنمینبی

ренминдби јуан

روپیه

рупија

دستگاه خودپرداز

аутомат за новац

صرافی

мењачница

طلا

злато

نقره

сребро

نفت

нафта

انرژی

енергија

قیمت

цена

قرارداد

уговор

مالیات

порез

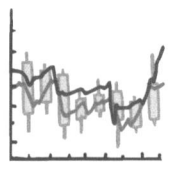

سهام سرمایه

деонице

کار کردن

радити

کارمند

службеник

کارفرما

послодавац

کارخانه

фабрика

مغازه

продавница

مشاغل

занимања

مامور پلیس
полицајац
آتش نشان
ватрогасац
آشپز
кувар
دکتر
лекар
خلبان
пилот

باغبان

вртлар

نجار

столар

خیاط زنانه

кројачица

قاضی

судија

شیمیدان

хемичар

بازیگر

глумац

راننده اتوبوس

возач аутобуса

راننده تاکسی

возач таксија

ماهیگیر

рибар

نظافتچی زن

чистачица

سقف ساز

кровопокривач

پیشخدمت رستوران

конобар

شکارچی

ловац

نقاش

сликар

نانوا

пекар

برقکار

електричар

کارگر ساختمانی

грађевински радник

مهندس

инжењер

قصاب

месар

لوله کش

лимар

پستچی

поштар

سرباز

војник

معمار

архитекта

صندوقدار

благајник

گل فروش

цвећар

آرایشگر

фризер

مامور کنترل بلیط در قطار

кондуктер

مکانیک

механичар

ناخدا

капетан

دندانپزشک

зубар

دانشمند

научник

عالم یهودی

раби

امام

имам

راهب

монах

کشیش

свећеник

ابزارآلات

алати

چکش
انبردست
клешта
پیچ گوشتی
одвијач
آچار
кључ за завртње
چراغ قوه
џепна лампа

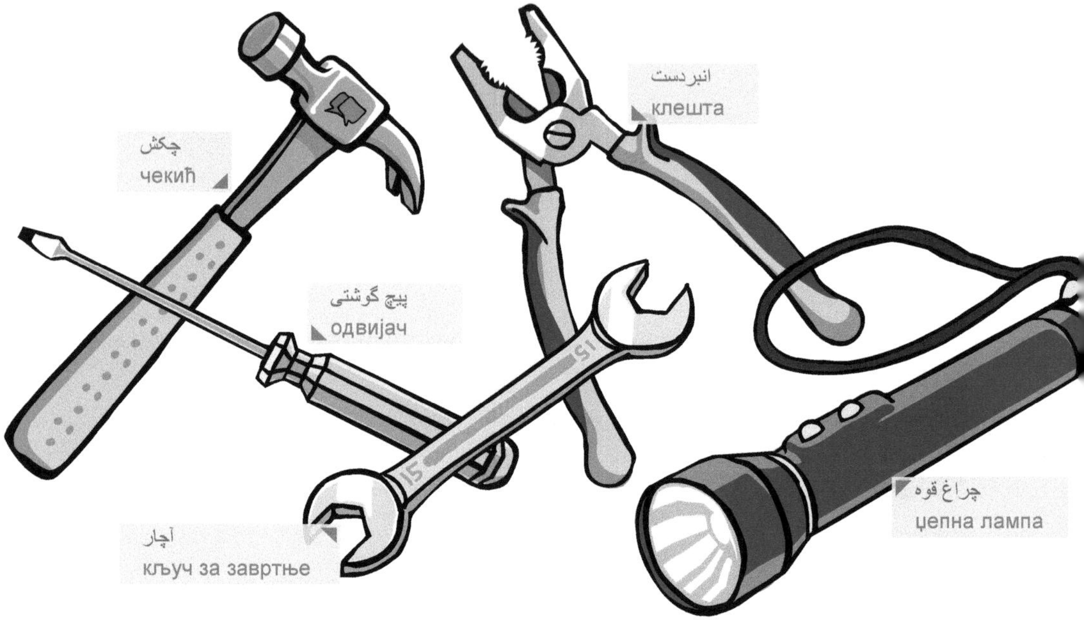

بیل مکانیکی
багер

جعبه ابزار
кутија за алат

نردبان
мердевине

ارّه
пила

میخ
ексер

مته
бушилица

تعمیر کردن

поправити

بیل

лопата

لعنتی!

до ђавола!

خاک انداز

лопатица

سطل رنگرزی

лонац за боју

پیچ

завртањи

آلات موسیقی

музички инструмент

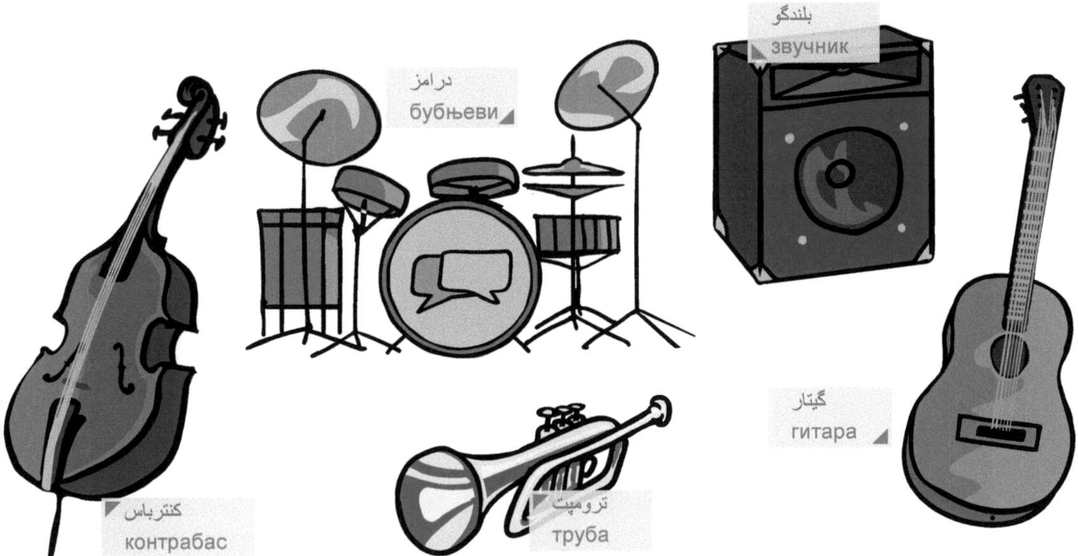

بلندگو
звучник

درامز
бубњеви ◄

گیتار
гитара ◄

کنترباس
контрабас

ترومپت
труба

پيانو

клавир

ويولن

виолина

گیتار بیس

бас

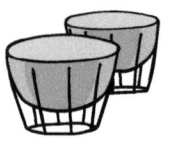

تیمپانی

тимпани

طبل

удараљке за бубњеве

کیبورد الکتریک

типке клавира

ساکسیفون

саксофон

فلوت

флаута

میکروفون

микрофон

آلات موسیقی - музички инструмент

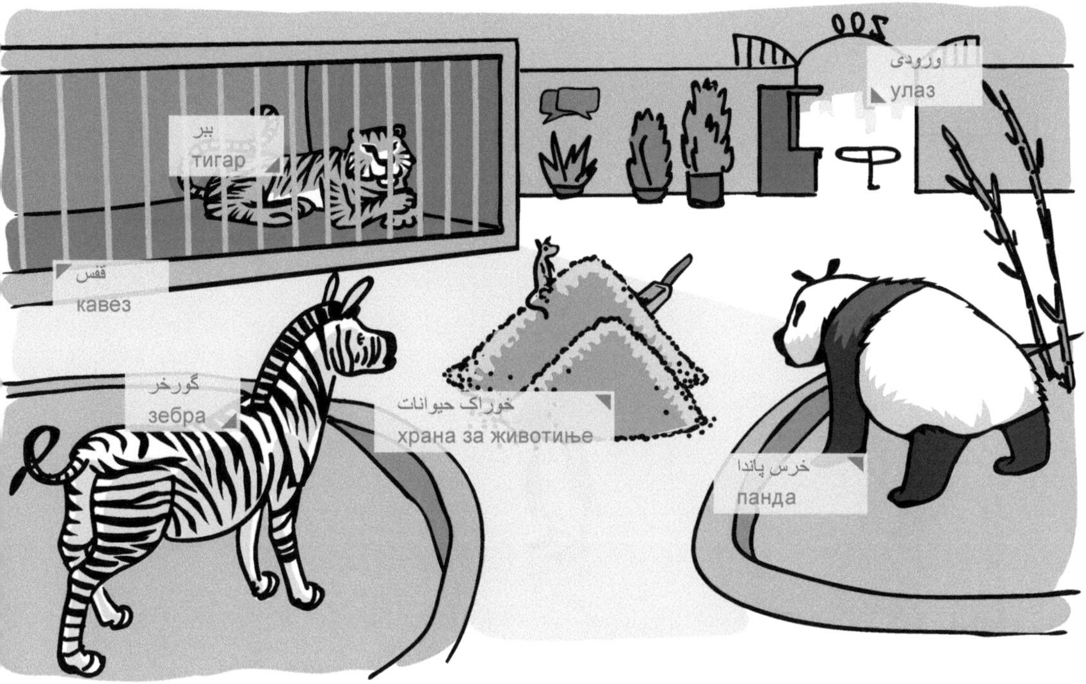

ورودی
улаз

زر
тигар

قفس
кавез

گورخر
зебра

خوراک حیوانات
храна за животиње

خرس پاندا
панда

حیوانات
....
животиње

فیل
....
слон

کانگورو
....
кенгур

کرگدن
....
носорог

گوریل
....
горила

خرس
....
медвед

شتر

камила

شترمرغ

ној

شیر

лав

میمون

мајмун

فلامینگو

фламинго

طوطی

папагај

خرس قطبی

поларни медвед

پنگوئن

пингвин

کوسه

ајкула

طاووس

паун

مار

змија

تمساح

крокодил

نگهبان باغ وحش

чувар у зоолошком врту

خوک آبی

туљан

پلنگ امریکایی

јагуар

اسب کوچک

пони

پلنگ

леопард

اسب آبی

нилски коњ

زرافه

жирафа

عقاب

орао

گراز

дивља свиња

ماهی

риба

لاک پشت

корњача

شیرماهی

морж

روباه

лисица

غزال

газела

ورزش ها
спорт

فوتبال آمریکایی
амерички ногомет
دوچرخه سواری
бициклизам
تنیس
тенис
بسکتبال
кошарка
شنا
пливање
هاکی روی یخ
хокеј на леду
بوکس
бокс

فوتبال

фудбал

بدمینتون

бадминтон

دوومیدانی

атлетика

هندبال

рукомет

اسکی

скијање

پولو

поло

فعالیت ها

активности

پریدن
скочити
بغل کردن
загрлити
خندیدن
смејати се
راه رفتن
ићи
آواز خواندن
певати
رؤیا دیدن
сањати
دعا کردن
молити се
بوسیدن
пољубити

نوشتن

писати

رسم کردن

цртати

نشان دادن

показати

هل دادن

гурати

دادن

дати

برداشتن

узети

داشتن
....
имати

انجام دادن
....
чинити

بودن
....
бити

ایستادن
....
стојати

دویدن
....
трчати

کشیدن
....
повлачити

پرتاب کردن
....
бацити

افتادن
....
падати

دراز کشیدن
....
лежати

منتظر بودن
....
чекати

حمل کردن
....
носити

نشستن
....
седити

لباس پوشیدن
....
облачити

خوابیدن
....
спавати

بیدار شدن
....
пробудити се

تماشا کردن

гледати

گریه کردن

плакати

نوازش کردن

миловати

شانه کردن

чешљати

حرف زدن

говорити

فهمیدن

разумети

پرسیدن

питати

شنیدن

слушати

آشامیدن

пити

خوردن

јести

مرتب کردن

поспремити

عاشق بودن

волети

پختن

кухати

رانندگی کردن

возити

پرواز کردن

летети

قایقرانی کردن

пловити

محاسبه کردن

рачунати

خواندن

читати

یاد گرفتن

учити

کار کردن

радити

ازدواج کردن

венчати се

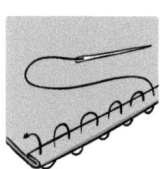

دوختن

шити

مسواک زدن

прати зубе

کشتن

убити

سیگار کشیدن

пушити

فرستادن

послати

خانواده

породица

مادربزرگ
پدربزرگ
деда
پدر
отац
مادر
мајка
کودک
беба
فرزند دختر
кћерка
فرزند پسر
син

مهمان

гост

خاله، عمه

тетка

دایی، عمو

ујак, стриц

برادر

брат

خواهر

сестра

بدن

тело

پیشانی
чело
چشم
око
شانه
раме
انگشت دست
прст
صورت
лице
چانه
брада
دست
рука
ساق پا
нога
سینه
груди
بازو
рука

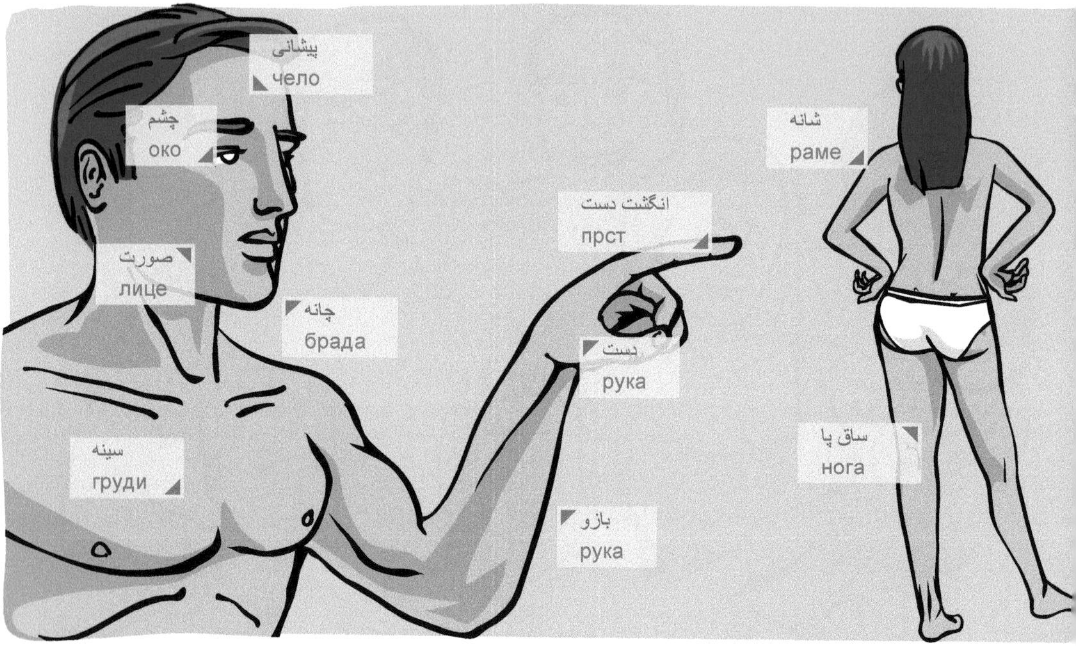

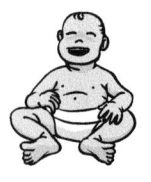

کودک

беба

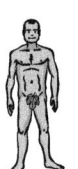

مرد

мушкарац

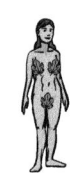

زن

жена

دخترچه

девојчица

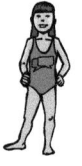

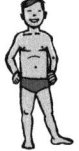

پسربچه

дечак

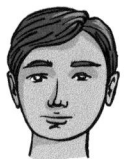

کله

глава

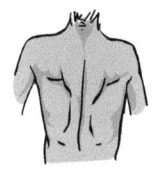

کمر

леђа

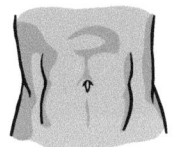

شکم

стомак

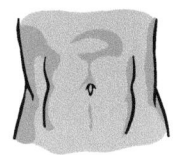

ناف

пупак

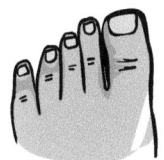

انگشت پا

ножни прст

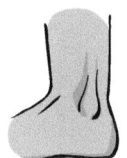

پاشنه

пета

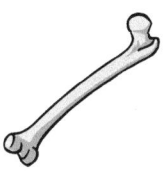

استخوان

кост

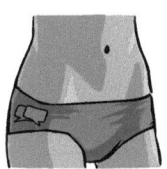

لگن

кукови

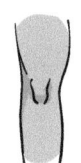

زانو

колено

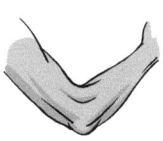

آرنج

лакат

بینی

нос

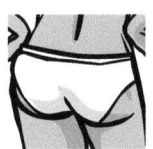

نشیمنگاه

задњица

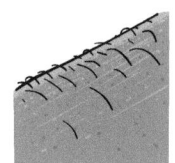

پوست

кожа

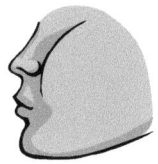

گونه

образ

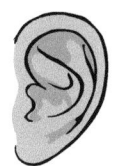

گوش

уво

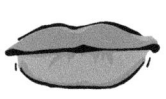

لب

усна

دهان

уста

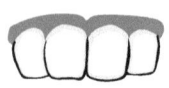

دندان

зуб

زبان

језик

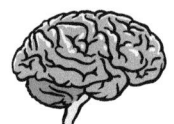

مغز

мозак

قلب

срце

عضله

мишић

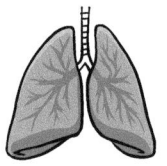

ریه

плућа

کبد

јетра

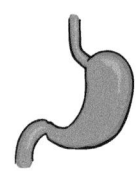

معده

желудац

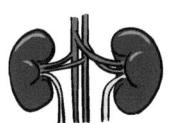

کلیه

бубрези

آمیزش جنسی

полни однос

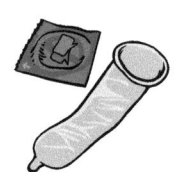

کاندوم

кондом

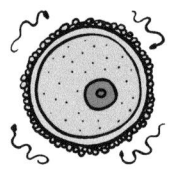

تخمک

јајна ћелија

اسپرم

сперма

حاملگی

трудноћа

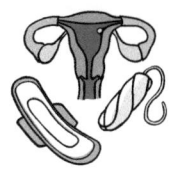

پریود

менструација

واژن

вагина

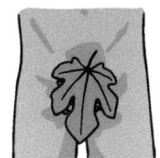

آلت تناسلی مرد

пенис

ابرو

обрва

مو

коса

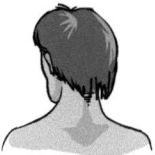

گردن

врат

بیمارستان

болница

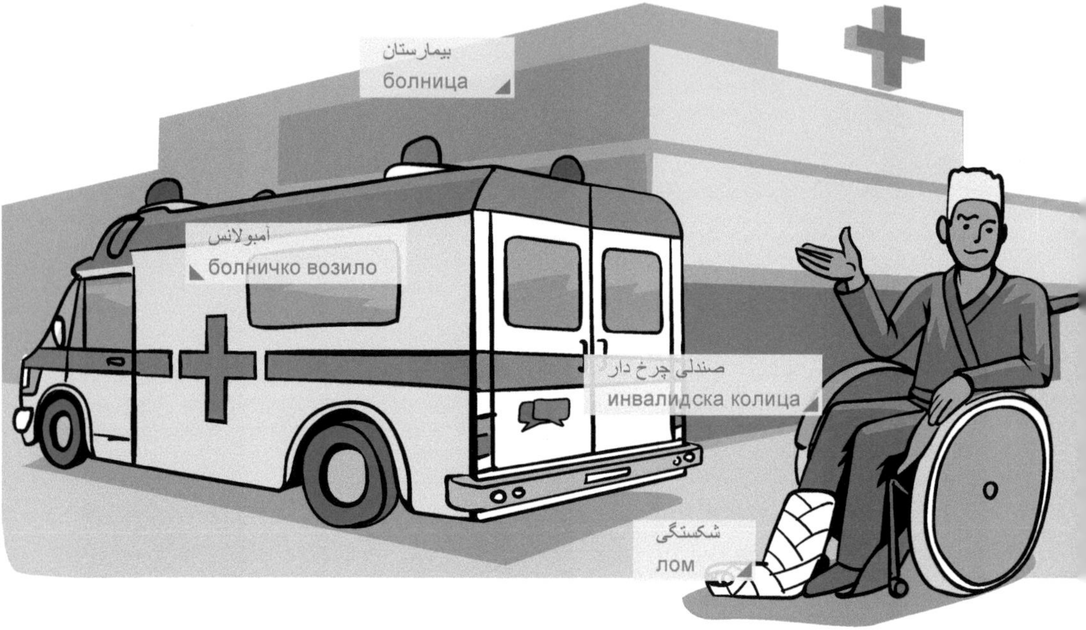

بیمارستان
болница
آمبولانس
болничко возило
صندلی چرخ دار
инвалидска колица
شکستگی
лом

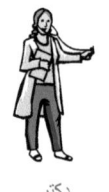

دکتر

лекар

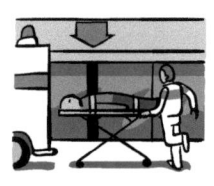

بخش اورژانس

хитна медицинска служба

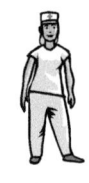

پرستار

медицинска сестра

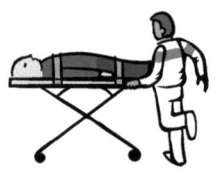

موقعیت اضطراری

хитни случај

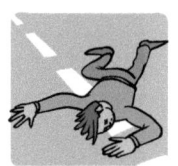

بی هوش

несвест

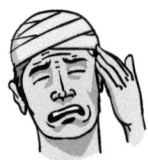

درد

бол

مصدومیت

повреда

خونریزی

крварење

سکته قلبی

срчани удар

سکته مغزی

удар

آلرژی

алергија

سرفه

кашаљ

تب

грозница

آنفولانزا

грипа

اسهال

пролив

سردرد

главобоља

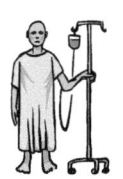

سرطان

рак

دیابت

дијабетес

جراح

хирург

چاقوی جراحی

скалпел

عمل جراحی

операција

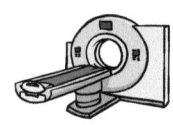

سی تی اسکن

цт

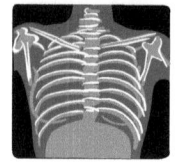

پرتونگاری

рентген

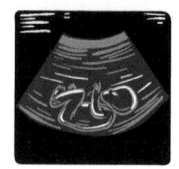

سونوگرافی

ултразвук

ماسک صورت

маска

بیماری

болест

اتاق انتظار

чекаона

چوب زیر بغل

штака

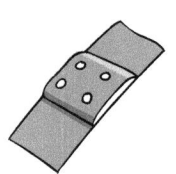

چسب زخم

фластер

پانسمان

завој

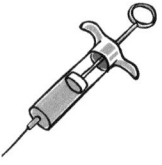

تزریق

ињекција

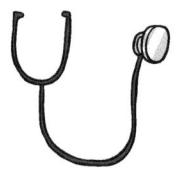

گوشی طبی

стетоскоп

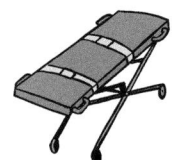

برانکار

носила

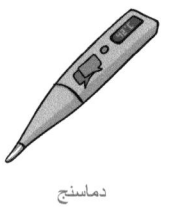

دماسنج

термометар

زایش

рођење

اضافه وزن

прекомерна тежина

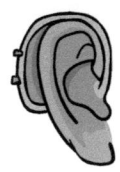

سمعک

слушни апарат

ماده ضد غفونی کننده

средство за дезинфекцију

عفونت

инфекција

ویروس

вирус

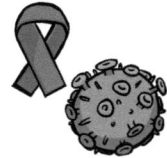

اچ آی وی / ایدز

хив / аидс

دارو

медицина

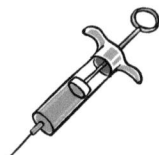

واکسیناسیون

вакцинација

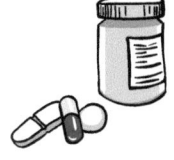

قرص

таблете

قرص ضد حاملگی

пилула

تماس اظطراری

хитни позив

دستگاه اندازه گیری فشارخون

уређај за мерење
притиска

مریض / سالم

болесно / здраво

موقعیت اضطراری
хитни случај

کمک!

помоћ!

آژیر خطر

аларм

حمله

насртај

حمله ی فیزیکی

напад

خطر

опасност

خروج اظطراری

излаз у случају нужде

آتش

пожар!

کپسول آتش‌نشانی

противпожарни апарат

تصادف

незгоца

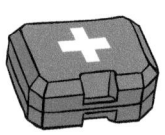

جعبه کمک های اولیه

кутија прве помоћи

درخواست کمک

сос

پلیس

полиција

کره زمین
земља

اروپا

....

Европа

آمریکای شمالی

....

Северна Америка

آمریکای جنوبی

....

Јужна Америка

آفریقا

....

Африка

آسیا

....

Азија

استرالیا

....

Аустралија

اقیا نوس اطلس

....

Атлантик

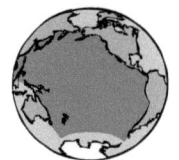

اقیانوس آرام

....

Пацифик

اقیانوس هند

....

Индијски океан

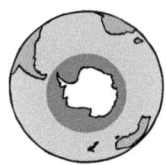

اقیا نوس اطلس جنوبی

....

Антарктички океан

اقیانوس منجمد شمالی

....

Арктички океан

قطب شمال

....

Северни рол

قطب جنوب

Јужни рол

قاره قطب جنوب

Антарктик

کره زمین

земља

سرزمین

земља

دریا

море

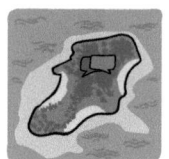

جزیره

оток

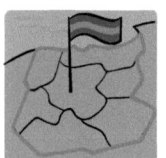

ملت

нација

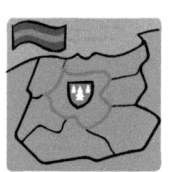

کشور

држава

ساعت

сат

صفحه ی ساعت

бројчаник сата

ساعت شمار

сатна казаљка

دقیقه شمار

минутна казаљка

ثانیه شمار

секундна казаљка

ساعت چند است؟

Колико је сати?

روز

дан

زمان

време

اکنون

сада

ساعت دیجیتال

дигитални сат

دقیقه

минута

ساعت

час

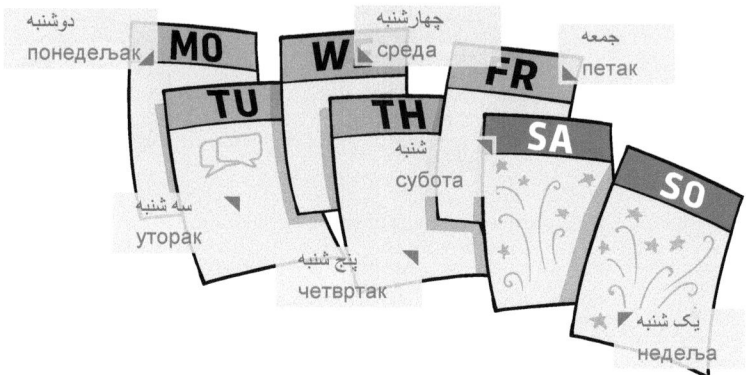

هفته

седмица

دیروز

јуче

امروز

данас

فردا

сутра

صبح

јутро

ظهر

подне

غروب

вече

روزهای کاری

радни дани

آخر هفته

викенд

سال

година

باران
киша
رنگین کمان
дуга
باد
ветар
برف
снег
بهار
пролеће
پاییز
јесен
تابستان
лето
زمستان
зима

4.APRIL 11°
5.APRIL 4°
6.APRIL 13°
7.APRIL 8°
8.APRIL 10°

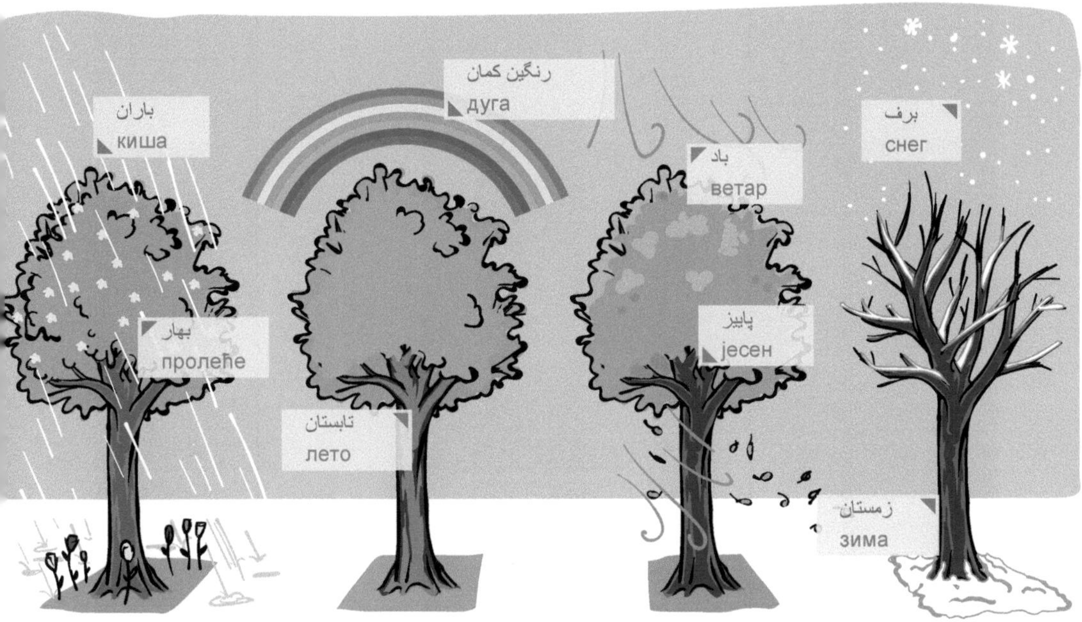

پیش‌بینی اوضاع جوی

....

метеоролошка прогноза

F
C
120
90
60
30
0
-30
40
30
20
10
0
-10
-20

دماسنج

....

термометар

تابش آفتاب

....

сунчана светлост

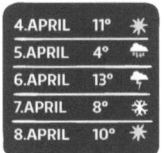

ابر

....

облак

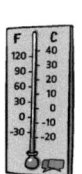

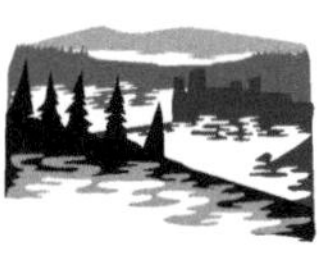

مِه

....

магла

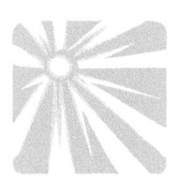

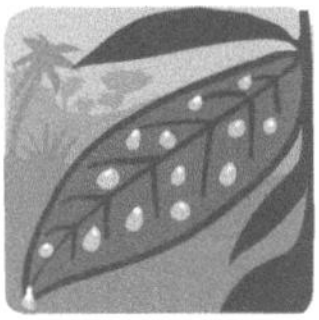

رطوبت هوا

....

влажност ваздуха

صاعقه
....
муња

آسمان غرہ
....
грмљавина

طوفان
....
олуја

تگرگ
....
туча

باد موسمی
....
монсун

سیل
....
поплава

یخ
....
лед

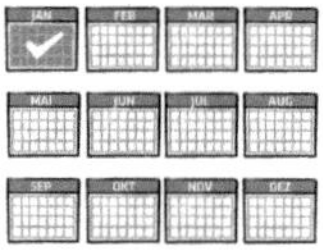

ژانویه
....
јануар

فوریه
....
фебруар

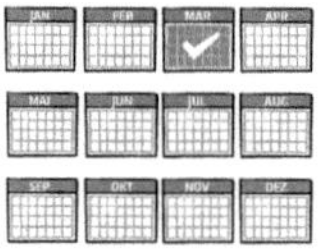

مارس
....
март

آوریل
....
април

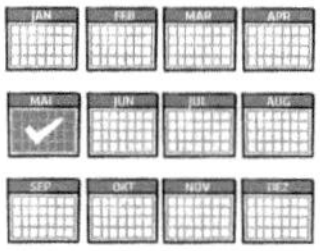

مه
....
мај

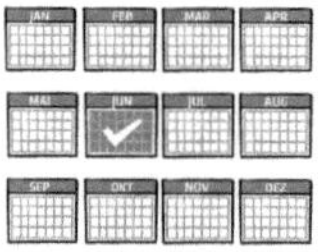

ژوئن
....
јуни

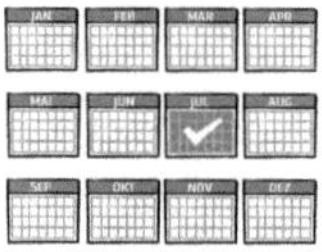

ژوئیه
....
јули

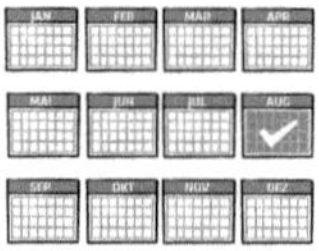

آگوست
....
август

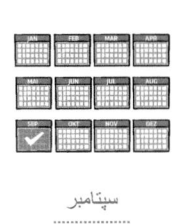

سپتامبر

септембар

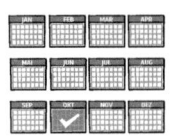

اُکتبر

октобар

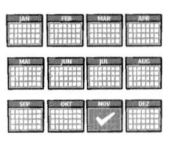

نوامبر

новембар

دسامبر

децембар

آشکال

облици

دایره

круг

مربع

квадрат

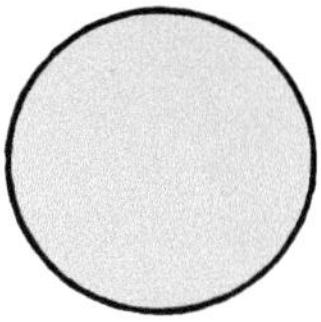

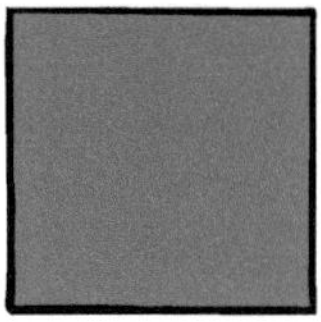

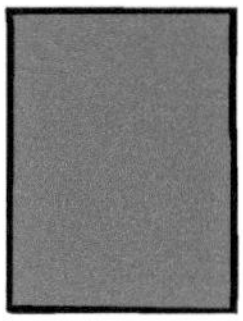

مستطیل

правоугао

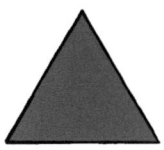

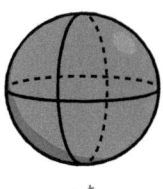

سه گوش

троугао

کُره

кугла

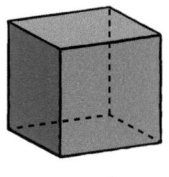

مکعب مربع

коцка

رنگ ها

боје

سفید

белa

زرد

жута

نارنجی

наранџаста

صورتی

ружичаста

قرمز

црвена

بنفش

љубичаста

آبی

плава

سبز

зелена

قهوه ای

смеђа

خاکستری

сива

سیاه

црна

супротности

خیلی / کم

много / мало

خشمگین / آرام

љутито / мирно

زیبا / زشت

лепо / ружно

شروع / پایان

почетак / крај

بزرگ / کوچک

велико / малено

روشن / تیره

светло / тамно

برادر / خواهر

брат / сестра

تمیز / آلوده

чисто / прљаво

کامل / ناقص

потпуно / непотпуно

روز / شب

дан / ноћ

مرده / زنده

мртво / живо

پهن / باریک

широко / уско

قابل خوردن / غیر قابل خوردن

....

јестиво / нејестиво

غضبناک / مهربان

....

зло / добро

هیجان زده / بی حوصله

....

узбуђено / досадно

چاق / لاغر

....

дебело / мршаво

اولین / آخرین

....

на почетку / на крају

دوست / دشمن

....

пријатељ / непријатељ

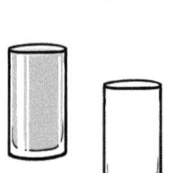

پر / خالی

....

пуно / празно

سفت / نرم

....

тврдо / мекано

سنگین / سبک

....

тешко / лагано

گرسنگی / تشنگی

....

глад / жеђ

مریض / سالم

....

болесно / здраво

غیرقانونی / قانونی

....

илегално / легално

باهوش / خنگ

....

паметно / глупо

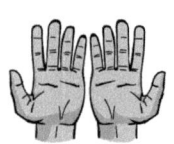

چپ / راست

....

лево / десно

نزدیک / دور

....

близу / далеко

نو / استفاده شده

ново / половно

هیچ چیز / چیزی

ништа / нешто

پیر / جوان

старо / младо

روشن / خاموش

укључено / искључено

باز / بسته

отворено / затворено

آهسته / بلند

тихо / гласно

ثروتمند / فقیر

богато / сиромашно

درست / غلط

тачно / погрешно

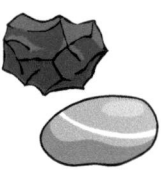

زبر / صاف

храпаво / глатко

غمگین / خوشحال

тужно / сретно

کوتاه / بلند

кратко / дуго

کند / تند

полако / брзо

تر / خشک

мокро / сухо

گرم / خنک

топло / хладно

جنگ / صلح

рат / мир

اعداد

бројеви

0

صفر

нула

1

یک

један

2

دو

два

3

سه

три

4

چهار

четири

5

پنج

пет

6

شش

шест

7

هفت

седам

8

هشت

осам

9

نه

девет

10

دَه

десет

11

یازده

једанаест

12

دوازده

дванаест

13

سیزده

тринаест

14

چهارده

четрнаест

15

پانزده

петнаест

16

شانزده

шеснаест

17

هفده

седамнаест

18

هجده

осамнаест

19

نوزده

деветнаест

20

بیست

двадесет

100

صد

стотину

1.000

هزار

хиљаду

1.000.000

میلیون

милион

انگلیسی
....
енглески

انگلیسی آمریکایی
....
амерички енглески

چینی ماندارین
....
мандарински кинески

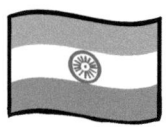

هندی
....
хиндски

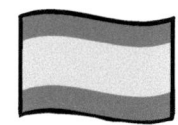

اسپانیایی
....
шпански

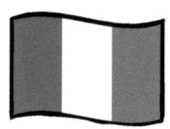

فرانسوی
....
француски

عربی
....
арапски

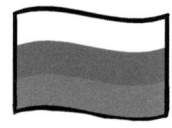

روسی
....
руски

پرتغالی
....
португалски

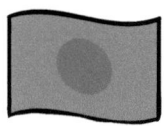

بنگالی
....
бенгалски

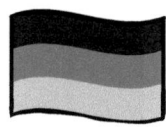

آلمانی
....
немачки

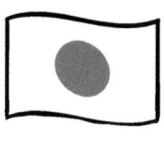

ژاپنی
....
jапански

چه کسی / چه چیزی / چگونه

ко / шта / како

من

ја

تو

ти

او

он / она / оно

ما

ми

شما

ви

آنها

они

چه کسی؟ کی؟

Ко?

چی؟

Шта?

چگونه؟

Како?

کجا؟

Где?

کِی؟

Када?

نام

име

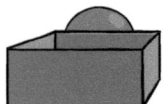

کجا

где

پشت

иза

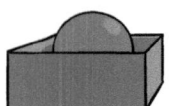

توی

у

جلو

испред

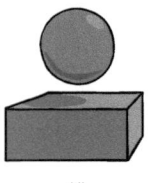

بالای

преко

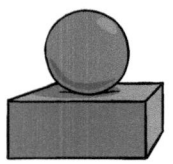

روی

на

زیر

испод

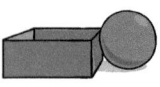

مجاور

поред

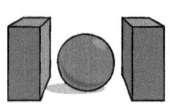

بین

између

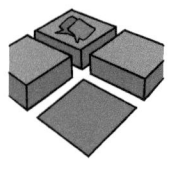

مکان

место